Impressum
Verlag: BABADADA GmbH, Nedderfeld 112 , 22529 Hamburg
Geschäftsführer / Verlagsleitung: Harald Hof
Druck: Books on Demand GmbH, In de Tarpen 42, 22848 Norderstedt

Imprint
Publisher: BABADADA GmbH, Nedderfeld 112 , 22529 Hamburg, Germany
Managing Director / Publishing direction: Harald Hof
Print: Books on Demand GmbH, In de Tarpen 42, 22848 Norderstedt

el colegio
okul

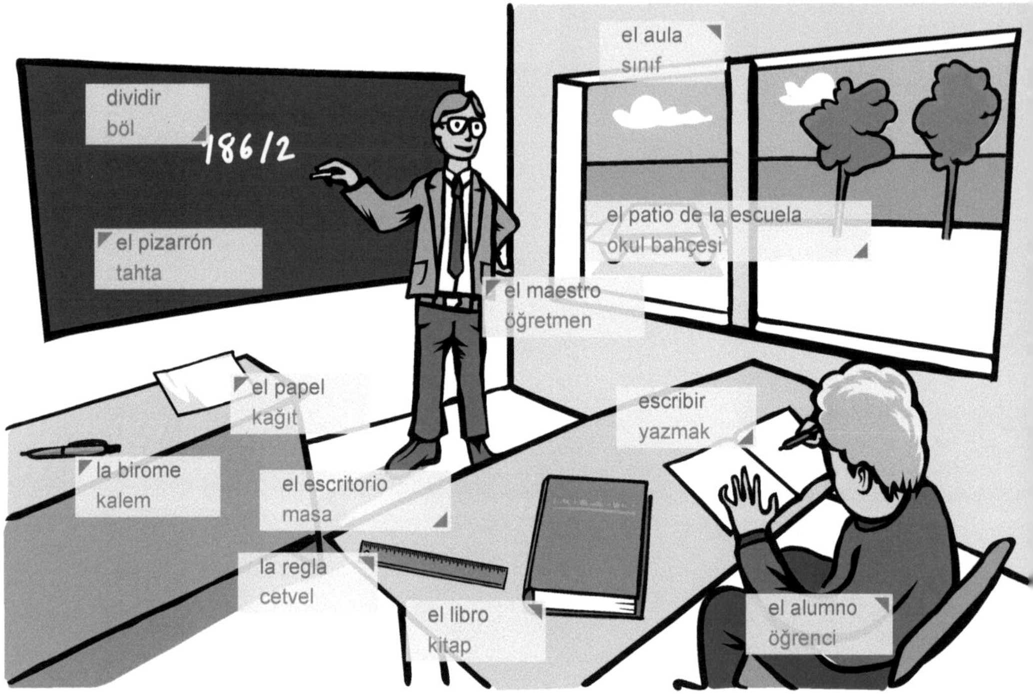

el aula
sınıf
dividir
böl
186/2
el pizarrón
tahta
el patio de la escuela
okul bahçesi
el maestro
öğretmen
el papel
kağıt
escribir
yazmak
la birome
kalem
el escritorio
masa
la regla
cetvel
el libro
kitap
el alumno
öğrenci

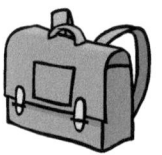

la mochila

okul çantası

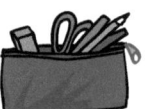

la caja de lápices

kalemlik

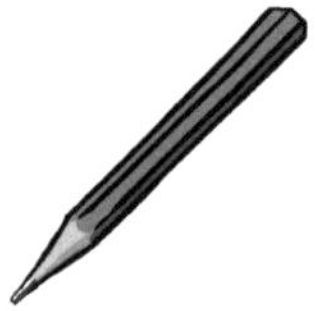

el lápiz

kurşun kalem

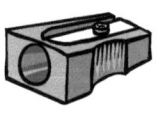

el sacapuntas

kalem açacağı

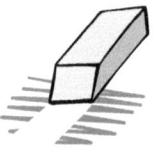

la goma (de borrar)

silgi

el bloc de dibujo

çizim defteri

el dibujo

çizim

el pincel

resim fırçası

la caja de pinturas

boya kutusu

la tijera

makas

el pegamento

tutkal

el cuaderno de ejercicios

alıştırma kitabı

la tarea

ödev

el número

sayı

sumar

ekle

restar

çıkar

multiplicar

çarp

calcular

hesapla

la letra

harf

el abecedario

alfabe

la palabra

kelime

el texto

metin

leer

okumak

la tiza

tebeşir

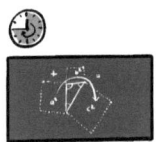

la lección

ders

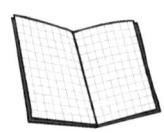

el cuaderno de clase

kayıt

el examen

sınav

el certificado

sertifika

el uniforme escolar

okul forması

la educación

eğitim

la enciclopedia

ansiklopedi

la universidad

üniversite

el microscopio

mikroskop

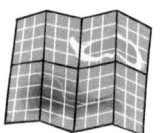

el mapa

harita

el tacho (de basura)

kağıt çöp kutusu

el viaje
seyahat

el hotel
otel
el hostel
pansiyon
la casa de cambio
döviz bürosu
la valija
bavul
el auto
otomobil
ROOMS
Grand
EXCHANGE

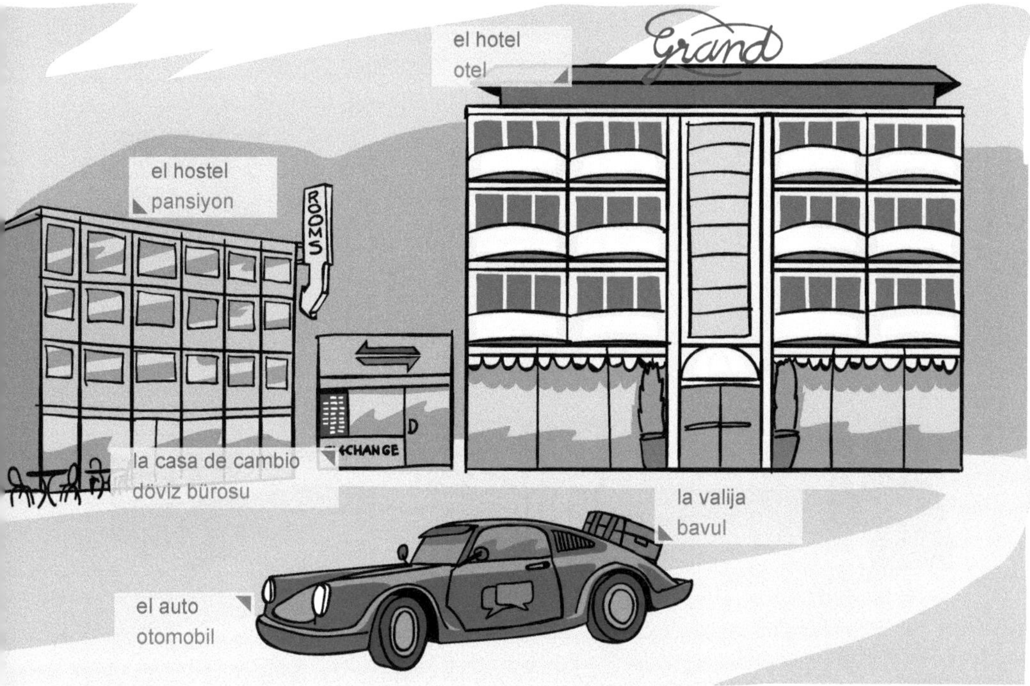

el idioma

dil

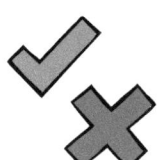

sí / no

evet / hayır

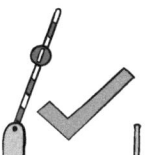

Está bien

Tamam

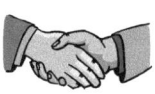

hola

merhaba

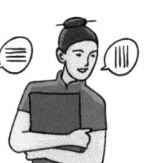

el traductor

çevirmen

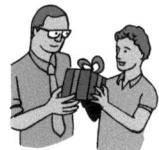

Gracias

Teşekkür ederim

¿cuánto cuesta…?

bu … ne kadar?

No entiendo

anlamadım

el problema

problem

¡Buenas tardes!

İyi akşamlar!

¡Buenos días!

Günaydın!

¡Buenas noches!

İyi geceler!

el adiós

güle güle

la dirección

yön

el equipaje

bagaj

el bolso

çanta

la mochila

sırt çantası

el invitado

misafir

la habitación

oda

la bolsa de dormir

uyku tulumu

la carpa

çadır

la información turística

turist danışma

la playa

sahil

la tarjeta de crédito

kredi kartı

el desayuno

kahvaltı

el almuerzo

öğle yemeği

la cena

akşam yemeği

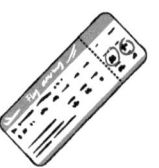

el pasaje

Bilet

el ascensor

asansör

el sello

pul

la frontera

sınır

la aduana

gümrük

la embajada

elçilik

la visa

vize

el pasaporte

pasaport

el viaje - seyahat

el transporte
ulaşım

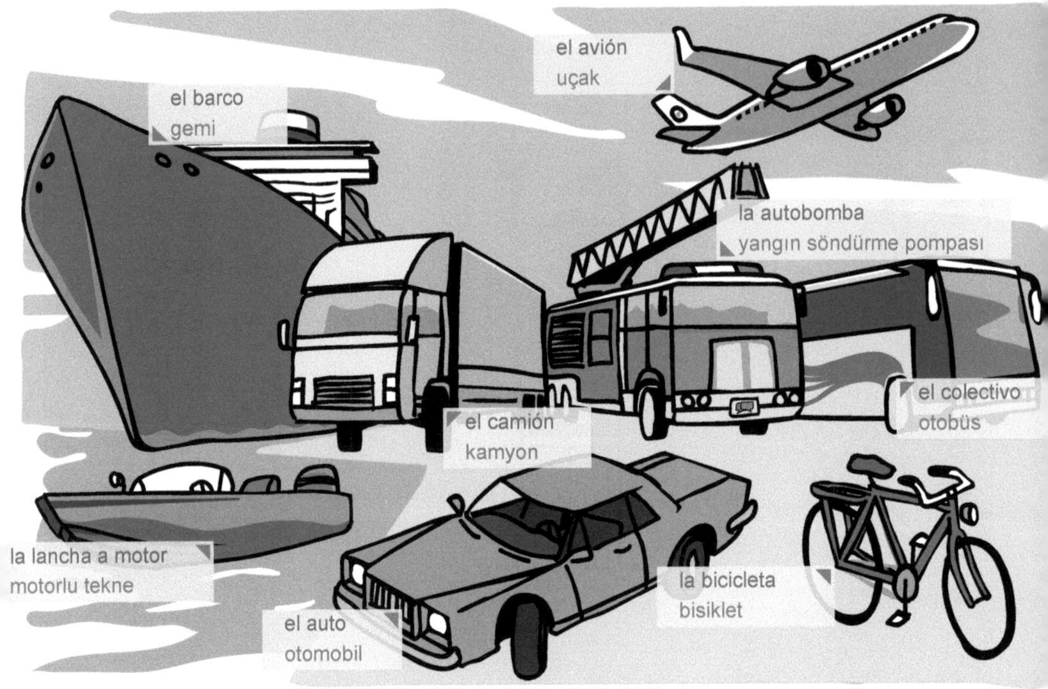

el avión
uçak
el barco
gemi
la autobomba
yangın söndürme pompası
el colectivo
otobüs
el camión
kamyon
la lancha a motor
motorlu tekne
la bicicleta
bisiklet
el auto
otomobil

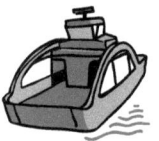

el ferry

feribot

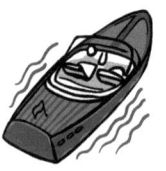

el bote

bot

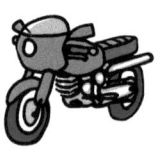

la moto

motosiklet

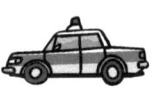

el patrullero

polis arabası

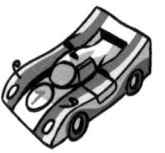

el auto de carreras

yarış arabası

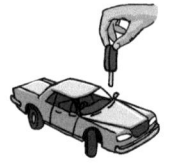

el auto de alquiler

kiralık araba

el alquiler de autos

ortak araba

la grúa

çekici

el camión de la basura

çöp kamyonu

el motor

motor

la nafta

yakıt

la estación de servicio

benzinlik

la señal de tránsito

trafik işareti

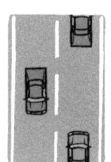

el tránsito

trafik

el embotellamiento

trafik sıkışıklığı

el estacionamiento

otopark

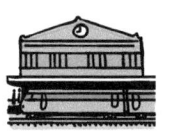

la estación de tren

tren istasyonu

las vías

ray

el tren

tren

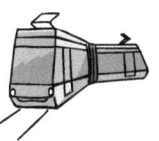

el tranvía

tramvay

el vagón

vagon

el helicóptero

helikopter

el aeropuerto

havaalanı

la torre

kule

el pasajero

yolcu

el contenedor

konteyner

la caja de cartón

koli

la carretilla

yük arabası

la canasta

sepet

despegar / aterrizar

kalkış / iniş

la ciudad

şehir

el pueblo

köy

el centro de la ciudad

şehir merkezi

la casa

ev

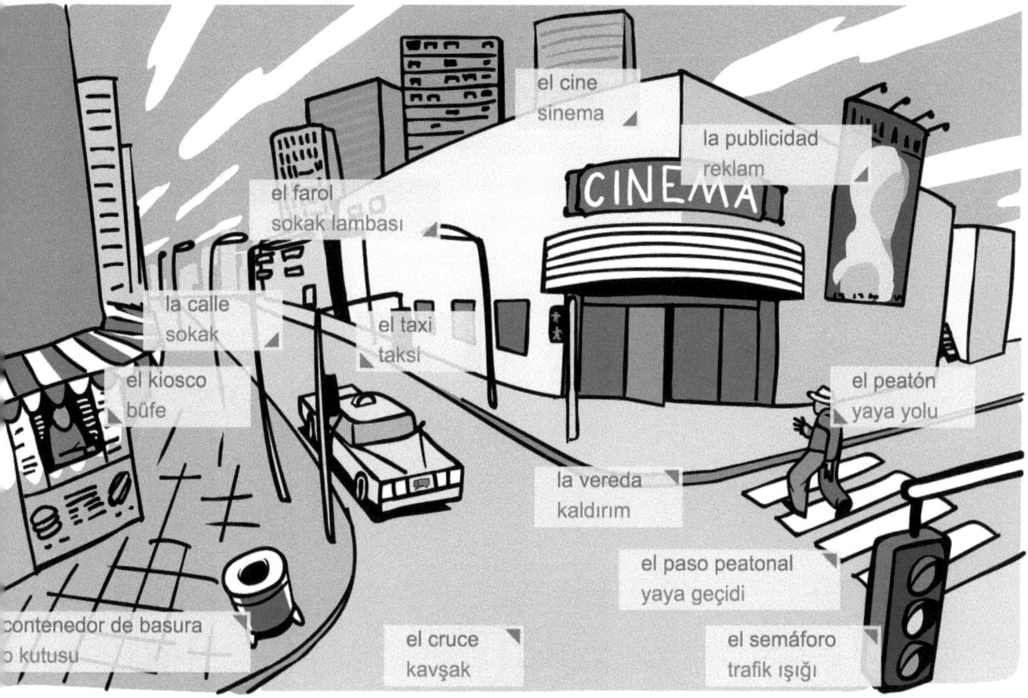

el cine
sinema

la publicidad
reklam

el farol
sokak lambası

CINEMA

la calle
sokak

el taxi
taksi

el kiosco
büfe

el peatón
yaya yolu

la vereda
kaldırım

el paso peatonal
yaya geçidi

contenedor de basura
o kutusu

el cruce
kavşak

el semáforo
trafik ışığı

la cabaña

kulübe

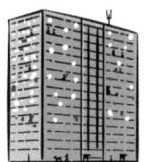

el departamento

apartman dairesi

la estación de tren

tren istasyonu

la municipalidad

belediye binası

el museo

müze

el colegio

okul

la universidad

üniversite

el banco

banka

el hospital

hastane

el hotel

otel

la farmacia

eczane

la oficina

ofis

la librería

kitapçı

el negocio

mağaza

la florería

çiçekçi

el supermercado

süpermarket

el mercado

market

las grandes tiendas

büyük mağaza

la pescadería

balık satıcısı

el centro comercial

alışveriş merkezi

el puerto

liman

el parque
park

el banco
bank

el puente
köprü

las escaleras
merdiven

el subte
metro

el túnel
tünel

la parada del colectivo
otobüs durağı

el bar
bar

el restaurante
restoran

el buzón
posta kutusu

el letrero
sokak tabelası

el parquímetro
otopark sayacı

el zoológico
hayvanat bahçesi

la pileta
yüzme havuzu

la mezquita
cami

la granja

çiftlik

la contaminación

kirlilik

el cementerio

mezarlık

la iglesia

kilise

los juegos infantiles

oyun alanı

el templo

tapınak

el paisaje
arazi

la hoja
yaprak

el poste indicador
yön tabelası

el camino
yol

la pradera
çayır

la piedra
taş

el árbol
ağaç

el excursionista
yürüyüşçü

el río
ırmak

la hierba
çimen

la flor
çiçek

el valle

vadi

la montaña

tepe

el lago

göl

el bosque

orman

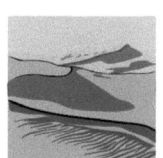

el desierto

çöl

el volcán

volkan

el castillo

kale

el arco iris

gökkuşağı

el champiñón

mantar

la palmera

palmiye

el mosquito

sivrisinek

la mosca

sinek

la hormiga

karınca

la abeja

arı

la araña

örümcek

el escarabajo

böcek

la rana

kurbağa

la ardilla

sincap

el erizo

kirpi

la liebre

yabani tavşan

la lechuza

baykuş

el pájaro

kuş

el cisne

kuğu

el jabalí

yaban domuzu

el ciervo

geyik

el alce

geyik

la presa

baraj

el aerogenerador

rüzgar türbini

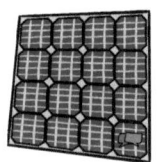

el panel solar

güneş paneli

el clima

iklim

el mozo
garson

el menú
menü

la silla
sandalye

la sopa
çorba

la pizza
pizza

el mantel
masa örtüsü

los cubiertos
çatal - bıçak

la entrada
başlangıç

el plato principal
ana yemek

el postre
tatlı

las bebidas
içecekler

la comida
yemek

la botella
şişe

la comida rápida

fastfood

la comida callejera

sokak yemeği

la tetera

çaydanlık

la azucarera

şekerlik

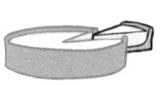

la porción

porsiyon

la cafetera expreso

espresso makinesi

la sillita alta

mama sandalyesi

la cuenta

fatura

la bandeja

tepsi

el cuchillo

bıçak

el tenedor

çatal

la cuchara

kaşık

la cucharita

çay kaşığı

la servilleta

servis peçetesi

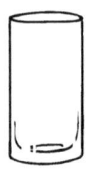

el vaso

bardak

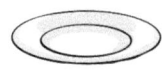

el plato

tabak

el plato hondo

çorba kasesi

el plato

fincan altlığı

la salsa

sos

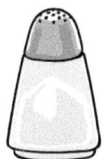

el salero

tuzluk

el molinillo de pimienta

karabiber değirmeni

el vinagre

sirke

el aceite

yağ

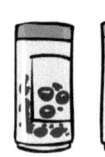

las especias

baharat

el kétchup

ketçap

la mostaza

hardal

la mayonesa

mayonez

el supermercado
süpermarket

la oferta especial
özel teklif
FOR
el cliente
müşteri
los lácteos
süt ürünleri
la fruta
meyve
el changuito
alışveriş arabası

BUTCHERS

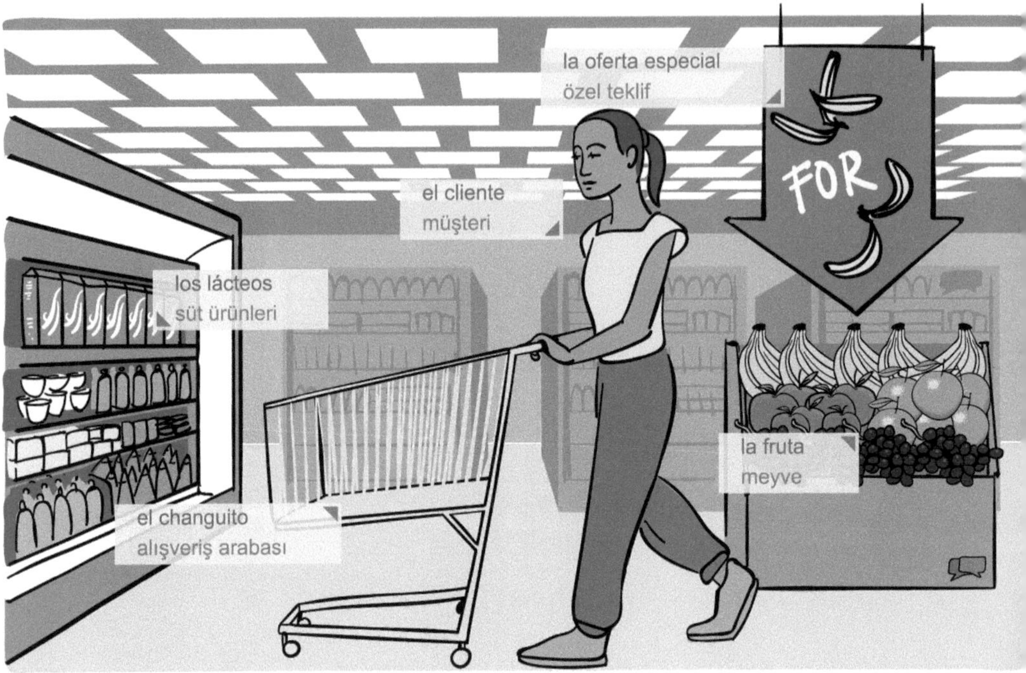

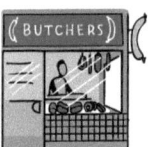

la carnicería
kasap

BAKERY

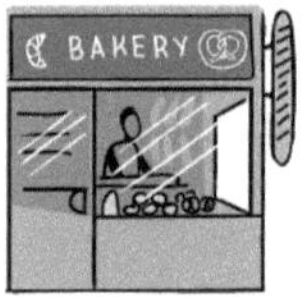

la panadería
fırın

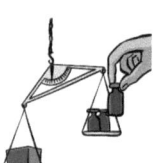

pesar
tartmak

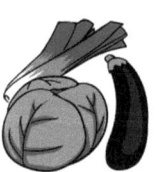

las verduras
sebze

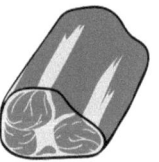

la carne
et

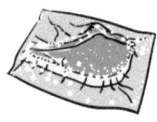

los alimentos congelados
donmuş gıda

los fiambres

söğüş et

los alimentos enlatados

konserve yiyecek

el detergente en polvo

toz deterjan

las golosinas

şekerlemeler

los electrodomésticos

ev temizlik ürünleri

los productos de limpieza

temizlik ürünleri

la vendedora

satış görevlisi

la caja

yazar kasa

el cajero

kasiyer

la lista de compras

alışveriş listesi

el horario de atención

açılış saatleri

la billetera

cüzdan

la tarjeta de crédito

kredi kartı

la cartera

çanta

la bolsa de plástico

plastik poşet

el agua

su

el jugo

meyve suyu

la leche

süt

la bebida cola

kola

el vino

şarap

la cerveza

bira

el alcohol

alkol

el cacao

kakao

el té

çay

el café

kahve

el café expreso

espresso

el cappuccino

kapuçino

la banana

muz

la manzana

elma

la naranja

portakal

el melón

kavun

el limón

limon

la zanahoria

havuç

el ajo

sarımsak

el bambú

bambu

la cebolla

soğan

el champiñón

mantar

las nueces

çerez

los fideos

makarna

los tallarines

spagetti

el arroz

pirinç

la ensalada

salata

las papas fritas

cips

las papas fritas

patates kızartması

la pizza

pizza

la hamburguesa

hamburger

el sándwich

sandviç

el churrasco

şinitzel

el jamón

pastırma

el salame

salam

la salchicha

sosis

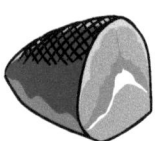

el pollo

tavuk

el asado

rosto

el pescado

balık

los copos de avena

yulaf ezmesi

el muesli

müsli

los copos de maíz

mısır gevreği

la harina

un

la medialuna

kruvasan

el pancito

küçük ekmek

el pan

ekmek

la tostada

tost

las galletitas

bisküvi

la manteca

tereyağı

la cuajada

kaymak

la torta

kek

el huevo

yumurta

el huevo frito

sahanda yumurta

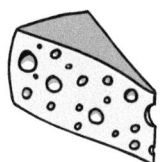

el queso

peynir

el helado

dondurma

el azúcar

şeker

la miel

bal

la mermelada

reçel

la pasta de chocolate

fındık ezmesi

el curry

köri

la granja
çiftlik

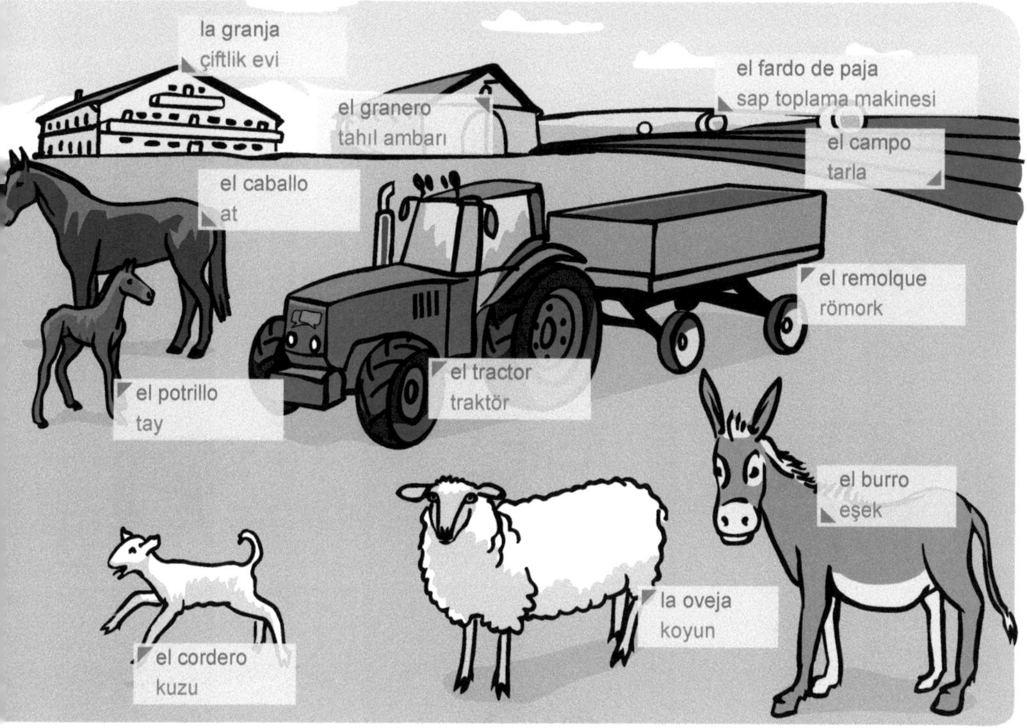

la granja
çiftlik evi
el granero
tahıl ambarı
el fardo de paja
sap toplama makinesi
el campo
tarla
el caballo
at
el remolque
römork
el tractor
traktör
el potrillo
tay
el burro
eşek
la oveja
koyun
el cordero
kuzu

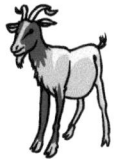

la cabra

keçi

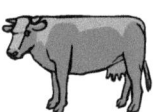

la vaca

inek

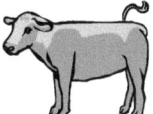

el ternero

buzağı

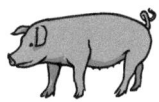

el cerdo

domuz

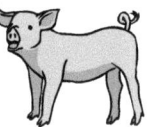

el lechón

domuz yavrusu

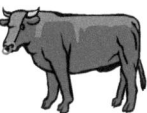

el toro

boğa

el ganso
kaz

el pato
ördek

el pollo
civciv

la gallina
tavuk

el gallo
horoz

la rata
sıçan

el gato
kedi

el ratón
fare

el buey
öküz

el perro
köpek

la cucha
köpek kulübesi

la manguera
bahçe hortumu

la regadera
sulama kabı

la guadaña
tırpan

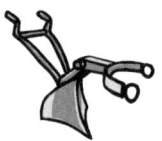

el arado
pulluk

la hoz

orak

la azada

çapa

la horquilla

dirgen

el hacha

balta

la carretilla

el arabası

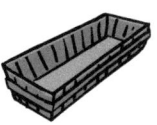

el abrevadero

yemlik

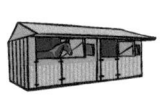

la lechera

süt kovası

la bolsa

çuval

la reja

çit

el establo

ahır

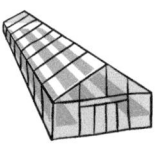

el invernadero

sera

el suelo

toprak

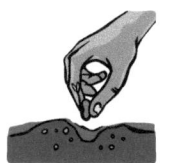

la semilla

tohum

el fertilizador

gübre

la cosechadora

biçerdöver

la granja - çiftlik

cosechar

hasat etmek

la cosecha

harman

las batatas

tatlı patates

el trigo

buğday

la soja

soya

la papa

patates

el maíz

mısır

la semilla de colza

kolza

el árbol frutal

meyve ağacı

la mandioca

manyok

los cereales

hububat

la casa
ev

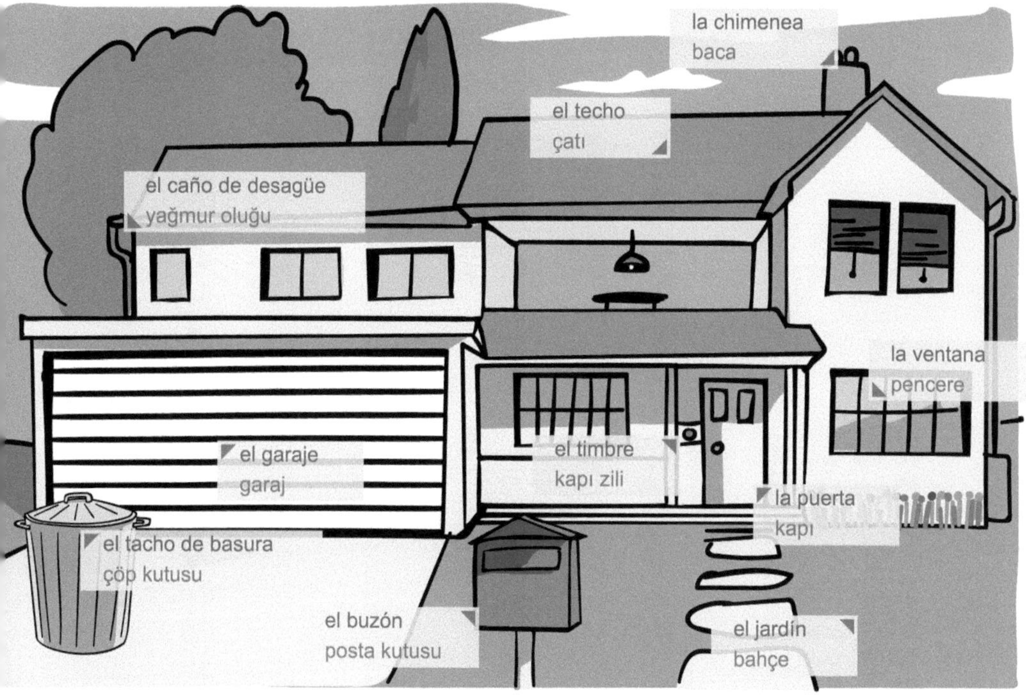
la chimenea
baca
el techo
çatı
el caño de desagüe
yağmur oluğu
la ventana
pencere
el garaje
garaj
el timbre
kapı zili
la puerta
kapı
el tacho de basura
çöp kutusu
el buzón
posta kutusu
el jardín
bahçe

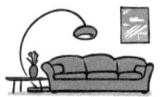

el living
oturma odası

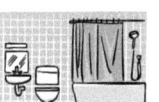

el baño
banyo

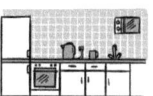

la cocina
mutfak

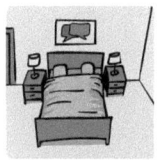

el dormitorio
yatak odası

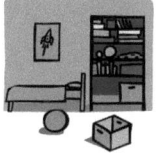

el cuarto de los chicos
çocuk odası

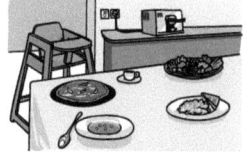

el comedor
yemek odası

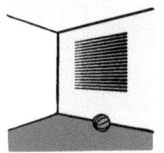

el piso

zemin

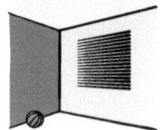

la pared

duvar

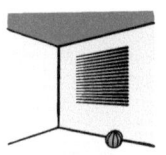

el cielorraso

tavan

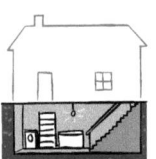

el sótano

kiler

el sauna

sauna

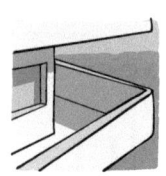

el balcón

balkon

la terraza

teras

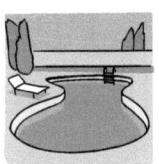

la pileta

havuz

la cortadora de pasto

çim biçme makinesi

la sábana

çarşaf

el acolchado

yatak örtüsü

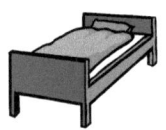

la cama

yatak

la escoba

süpürge

el balde

kova

el interruptor

anahtar

el living
oturma odası

el empapelado
duvar kağıdı
la imagen
resim
la lámpara
lamba
el estante
raf
el armario
dolap
la televisión
televizyon
la chimenea
şömine
la flor
çiçek
el almohadón
minder
el sofá
kanepe
el florero
vazo
el control remoto
uzaktan kumanda

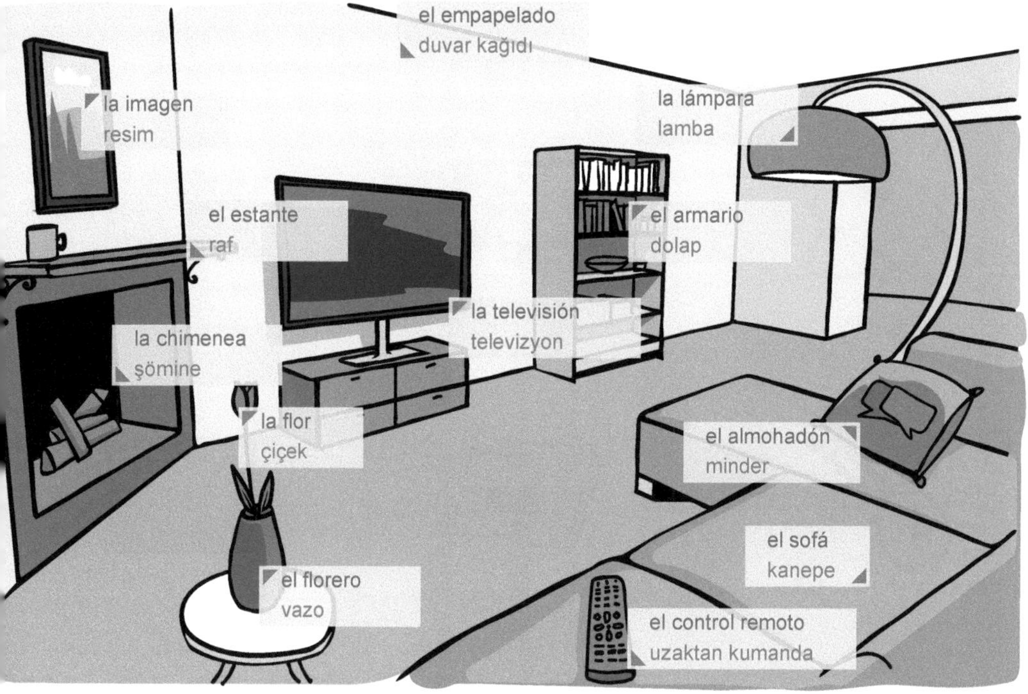

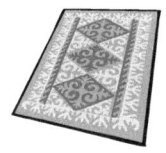

la alfombra

halı

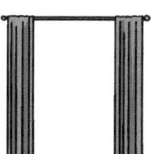

la cortina

perde

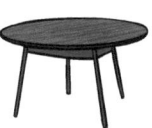

la mesa

masa

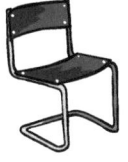

la silla

sandalye

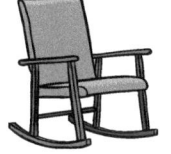

la mecedora

salıncaklı koltuk

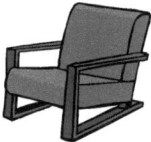

el sillón

koltuk

el libro

kitap

la frazada

battaniye

la decoración

dekor

la leña

odun

la película

film

el equipo de música

hi-fi

la llave

anahtar

el diario

gazete

la pintura

tablo

el póster

poster

la radio

radyo

el cuaderno

defter

la aspiradora

elektrikli süpürge

el cactus

kaktüs

la vela

mum

la cocina
mutfak

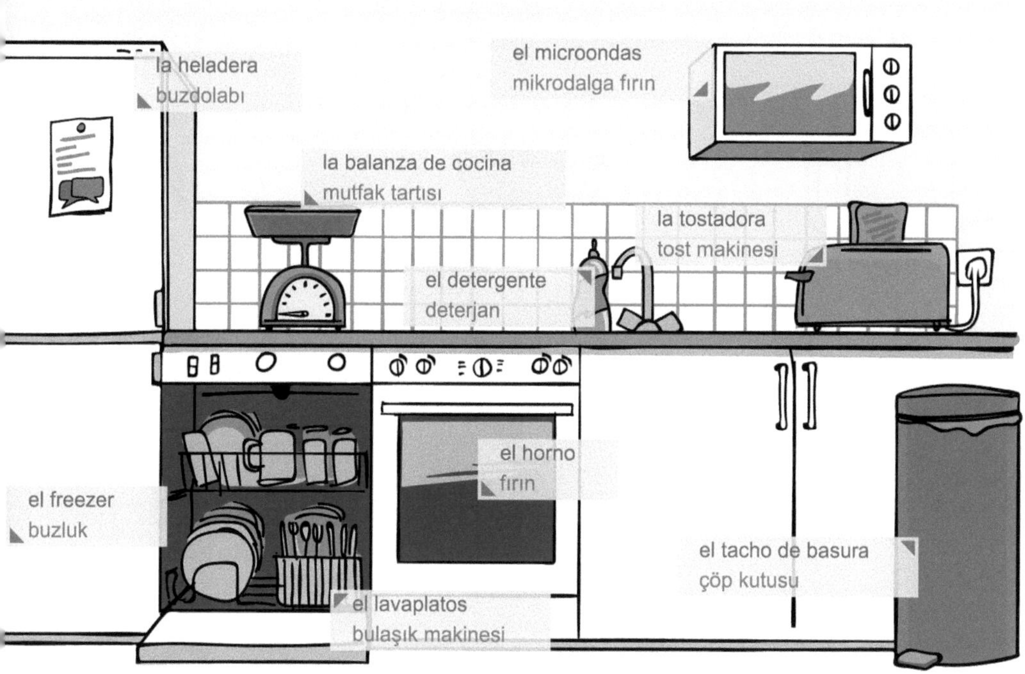
la heladera
buzdolabı
el microondas
mikrodalga fırın
la balanza de cocina
mutfak tartısı
la tostadora
tost makinesi
el detergente
deterjan
el horno
fırın
el freezer
buzluk
el tacho de basura
çöp kutusu
el lavaplatos
bulaşık makinesi

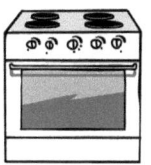

la cocina
ocak

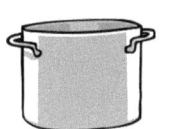

la olla
tencere

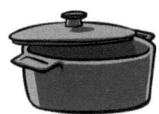

la olla de hierro fundido
döküm tencere

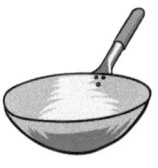

el wok
wok

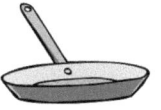

la sartén
tava

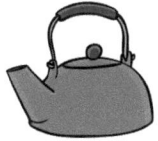

la pava
su ısıtıcı

la vaporera

buharlı pişirici

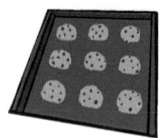

la bandeja de horno

pişirme tepsisi

la vajilla

tabak takımı

la taza

kupa

el bol

kase

los palitos

çubuk (çin yemeği)

el cucharón

kepçe

la espátula

spatula

la batidora

çırpma teli

el colador

süzgeç

el colador

elek

el rallador

rende

el mortero

havan

la parrilla

barbekü

la fogata

açık ateş

la tabla de picar

kesme tahtası

el palo de amasar

merdane

el sacacorchos

tirbüşon

la lata

konserve kutusu

el abrelatas

konserve açacağı

la manopla

fırın eldiveni

la pileta

evye

el cepillo

fırça

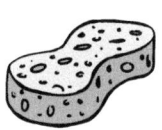

la esponja

sünger

la batidora

blender

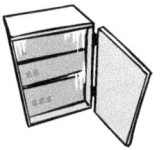

el congelador

derin dondurucu

la mamadera

biberon

la canilla

musluk

el baño

banyo

la ducha
duş
la calefacción
ısıtma
la toalla
havlu
la cortina de la ducha
duş perdesi
el baño de espuma
köpük banyosu
la bañadera
küvet
el vaso
bardak
el lavarropas
çamaşır makinesi
la canilla
musluk
las baldosas
fayans
la pelela
lazımlık
la pileta
evye

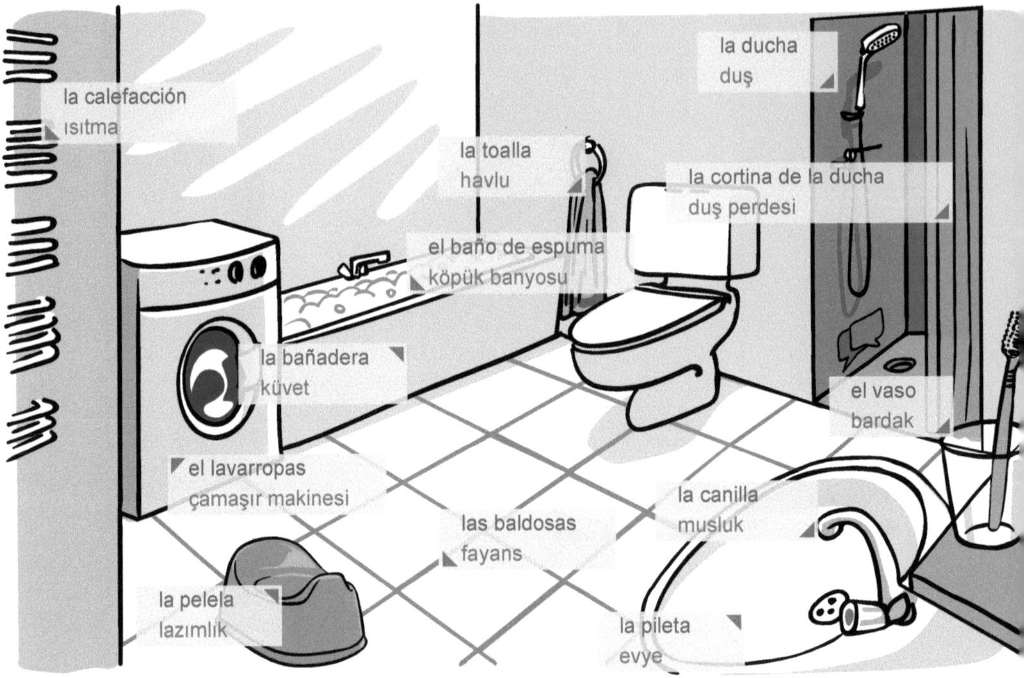

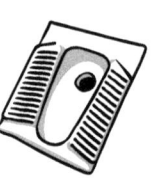

el inodoro

tuvalet

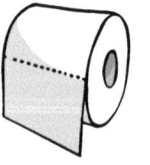

la letrina

alaturka tuvalet

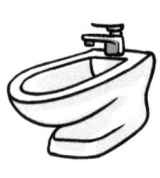

el bidé

bide

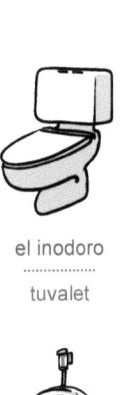

el mingitorio

pisuvar

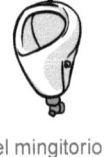

el papel higiénico

tuvalet kağıdı

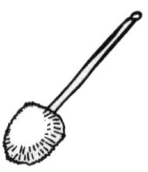

el cepillo para el inodoro

tuvalet fırçası

el cepillo de dientes

diş fırçası

el dentífrico

diş macunu

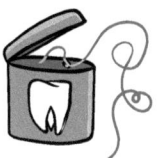

el hilo dental

diş ipi

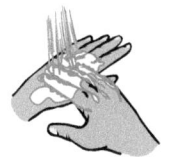

lavar

yıkamak

la ducha de mano

duş başlığı

la ducha higiénica

duş başlığı şeklinde taharet musluğu

la palangana

küvet

el cepillo para la espalda

banyo fırçası

el jabón

sabun

el gel de ducha

duş jeli

el shampoo

şampuan

la toallita

banyo lifi

el desagüe

gider

la crema

krem

el desodorante

deodorant

el espejo
ayna

el espejito
el aynası

la maquinita de afeitar
jilet

la espuma de afeitar
tıraş köpüğü

el aftershave
tıraş losyonu

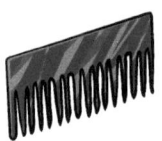

el peine
tarak

el cepillo
fırça

el secador de pelo
saç kurutma makinesi

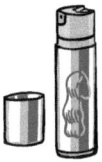

el spray
saç spreyi

el maquillaje
makyaj

el lápiz de labios
ruj

el esmalte para uñas
tırnak cilası

el algodón
pamuk

la tijera para uñas
tırnak makası

el perfume
parfüm

el portacosméticos

makyaj çantası

la banqueta

tabure

la balanza

tartı

la bata

bornoz

los guantes de goma

lastik eldiven

el tampón

tampon

la toallita femenina

kadın pedi

el baño químico

kimyevi tuvalet

el cuarto de los chicos

çocuk odası

el despertador
çalar saat
el peluche
peluş oyuncak
el coche de juguete
oyuncak araba
el sonajero
çıngırak
la casa de muñecas
bebek evi
el regalo
hediye

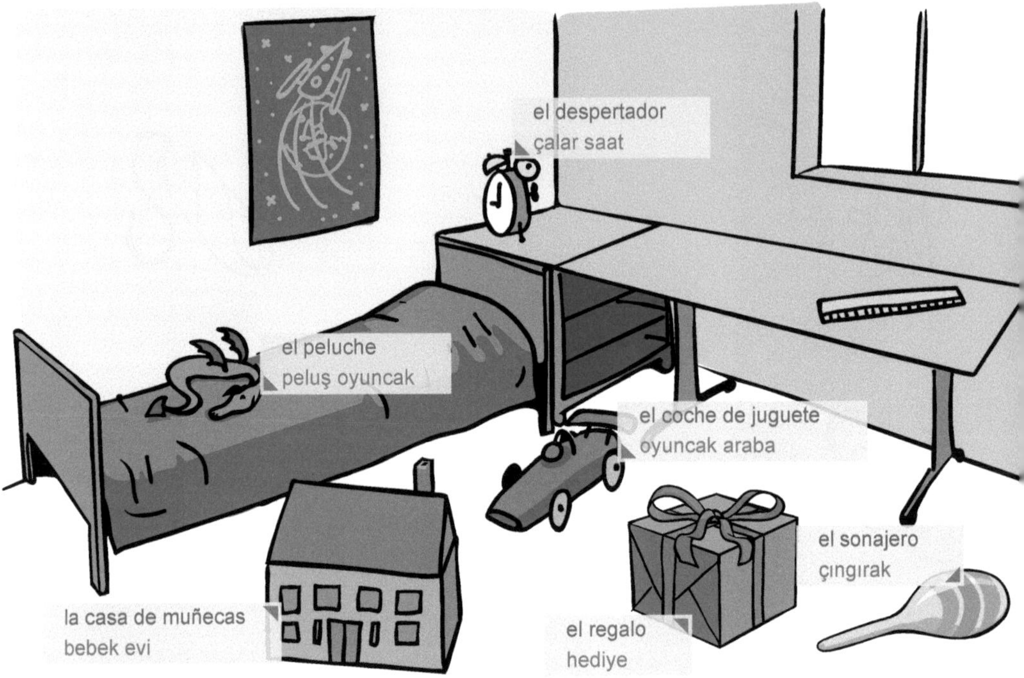

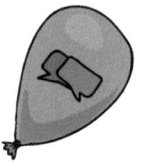

el globo

balon

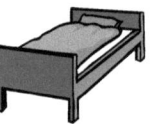

la cama

yatak

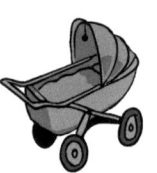

el cochecito

bebek arabası

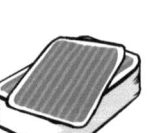

las cartas

kart destesi

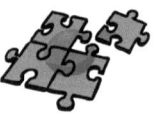

el rompecabezas

yapboz

SUPER MEGA

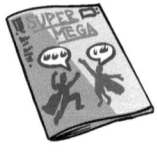

la historieta

çizgi roman

las piezas de lego

lego tuğlaları

los ladrillos de juguete

lego blokları

la figura de acción

aksiyon figürü

el enterito (de bebé)

zıbın

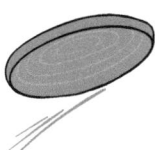

el frisbee

frizbi

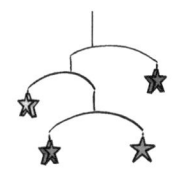

el móvil para bebés

dönence

el juego de mesa

masa oyunu

los dados

zar

el tren eléctrico

model tren seti

el chupete

emzik

la fiesta

parti

el libro de cuentos ilustrado

resimli kitap

la pelota

top

la muñeca

oyuncak bebek

jugar

oynamak

el arenero

kum havuzu

la hamaca

salıncak

los juguetes

oyuncaklar

la consola de videojuegos

video oyun konsolu

el triciclo

üç tekerlekli bisiklet

el osito de peluche

oyuncak ayı

el armario

gardırop

la ropa

kıyafet

las medias

çorap

las medias panty

külotlu çorap

las calzas

tayt

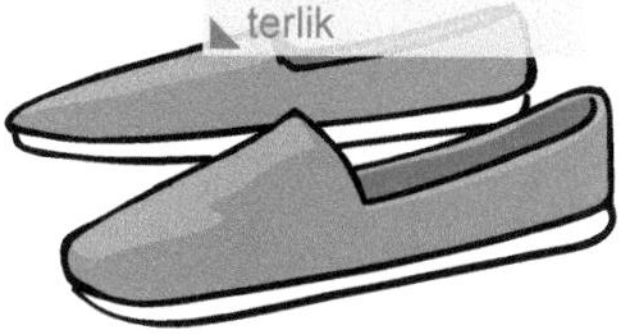

la bufanda
eşarp

el paraguas
şemsiye

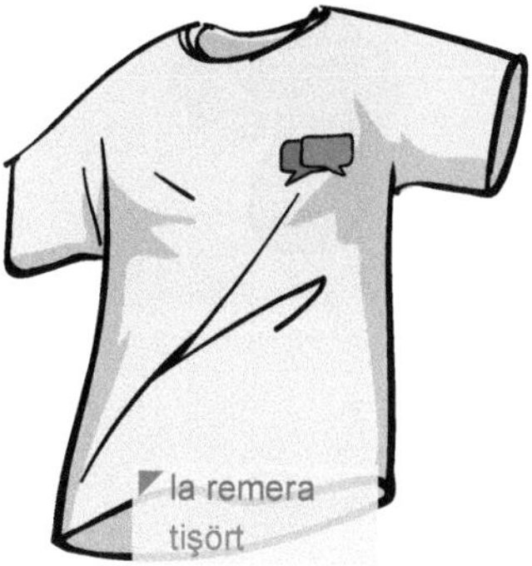

la remera
tişört

el cinturón
kemer

las botas
bot

las pantuflas
terlik

las zapatillas
spor ayakkabı

las sandalias
sandalet

los zapatos
ayakkabı

las botas de goma
lastik çizme

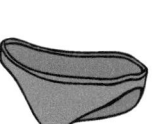

la ropa interior
külot

el corpiño
sütyen

el chaleco
yelek

el body

dar bluz

los pantalones

pantolon

los jeans

kot pantolon

la pollera

etek

la blusa

bluz

la camisa

gömlek

el pulóver

kazak

el buzo

süveter

el blazer

blazer

la campera

ceket

el tapado

mont

el piloto

yağmurluk

el traje

kostüm

el vestido

elbise

el vestido de novia

gelinlik

el traje

takım elbise

el camisón

gecelik

el pijama

pijama

el sari

sari

el pañuelo para la cabeza

baş örtüsü

el turbante

türban

la burka

burka

el caftán

kaftan

la abaya

çarşaf

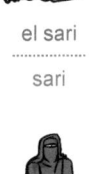

el traje de baño

mayo

el short de baño

erkek mayosu

los shorts

şort

el jogging

eşofman

el delantal

önlük

los guantes

eldiven

el botón

düğme

los anteojos

gözlük

la pulsera

bilezik

el collar

kolye

el anillo

yüzük

el aro

küpe

la gorra

kep

la percha

portmanto

el sombrero

şapka

la corbata

kravat

el cierre

fermuar

el casco

kask

los tiradores

pantolon askısı

el uniforme escolar

okul forması

el uniforme

üniforma

el babero

mama önlüğü

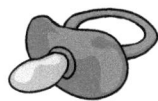

el chupete

emzik

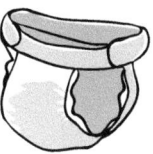

el pañal

bebek bezi

la oficina

ofis

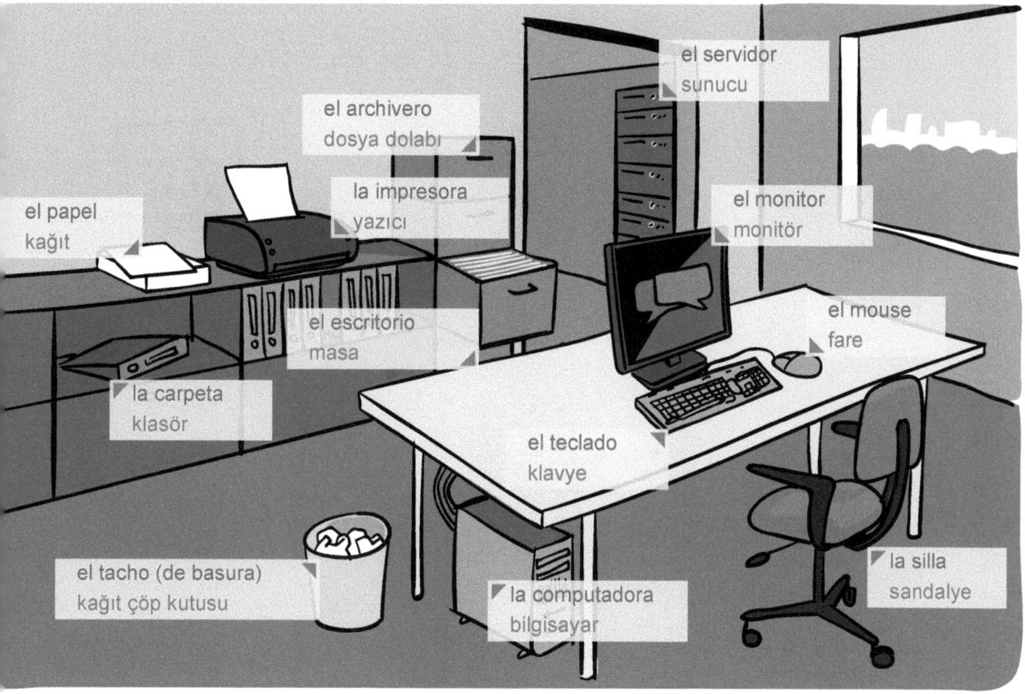

el servidor

sunucu

el archivero

dosya dolabı

la impresora

yazıcı

el papel

kağıt

el monitor

monitör

el escritorio

masa

el mouse

fare

la carpeta

klasör

el teclado

klavye

el tacho (de basura)

kağıt çöp kutusu

la silla

sandalye

la computadora

bilgisayar

la taza de café

kahve fincanı

la calculadora

hesap makinesi

el internet

internet

la laptop

dizüstü

la carta

mektup

el mensaje

mesaj

el celular

cep telefonu

la red

ağ

la fotocopiadora

fotokopi makinesi

el software

yazılım

el teléfono

telefon

el tomacorriente

priz

el fax

faks makinesi

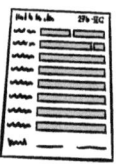

el formulario

form

el documento

belge

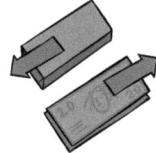

comprar

satın almak

pagar

ödemek

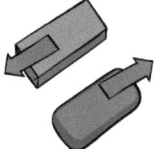

hacer negocios

ticaret yapmak

el dinero

para

el dólar

dolar

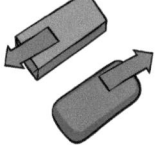

el euro

avro

el yen

yen

el rublo

ruble

el franco suizo

İsviçre frangı

el yuan

Çin yuanı

la rupia

rupi

el cajero automático

kasa

la casa de cambio

döviz bürosu

el oro

altın

la plata

gümüş

el petróleo

petrol

la energía

enerji

el precio

fiyat

el contrato

kontrat

el impuesto

vergi

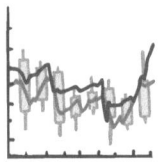

la acción

menkul değer

trabajar

çalışmak

el empleado

işveren

el empleador

işçi

la fábrica

fabrika

el negocio

mağaza

las ocupaciones
meslekler

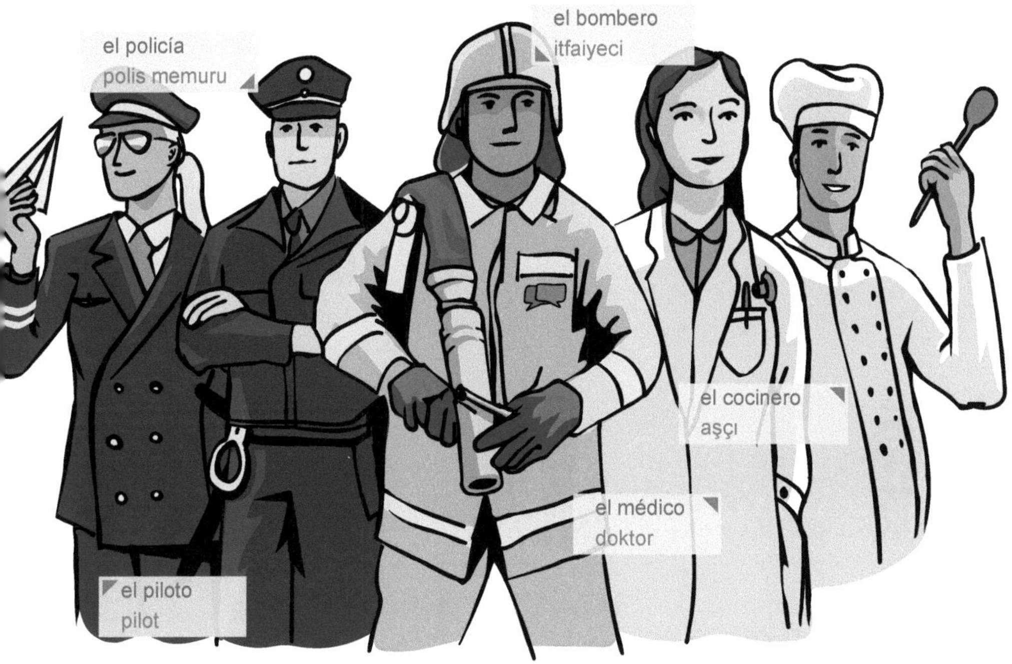
el policía
polis memuru
el bombero
itfaiyeci
el cocinero
aşçı
el médico
doktor
el piloto
pilot

el jardinero

bahçıvan

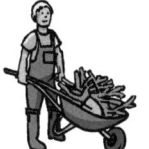

el carpintero

marangoz

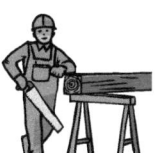

la modista

terzi

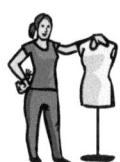

el juez

hakim

el farmacéutico

kimyager

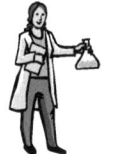

el actor

aktör

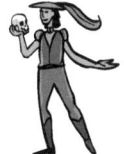

el colectivero

otobüs şoförü

el taxista

taksi şoförü

el pescador

balıkçı

la mucama

temizlikçi

el techista

çatı ustası

el mozo

garson

el cazador

avcı

el pintor

boyacı

el panadero

fırıncı

el electricista

elektrikçi

el albañil

inşaatçı

el ingeniero

mühendis

el carnicero

kasap

el plomero

muslukçu

el cartero

postacı

el soldado

asker

el arquitecto

mimar

el cajero

kasiyer

el florista

çiçekçi

el peluquero

kuaför

el cobrador

kondüktör

el mecánico

tamirci

el capitán

kaptan

el dentista

dişçi

el científico

bilim insanı

el rabino

haham

el imán

imam

el monje

keşiş

el sacerdote

rahip

las herramientas

aletler

la tenaza
penseler
el martillo
çekiç
el destornillador
tornavida
la llave
İngiliz anahtarı
la linterna
el feneri

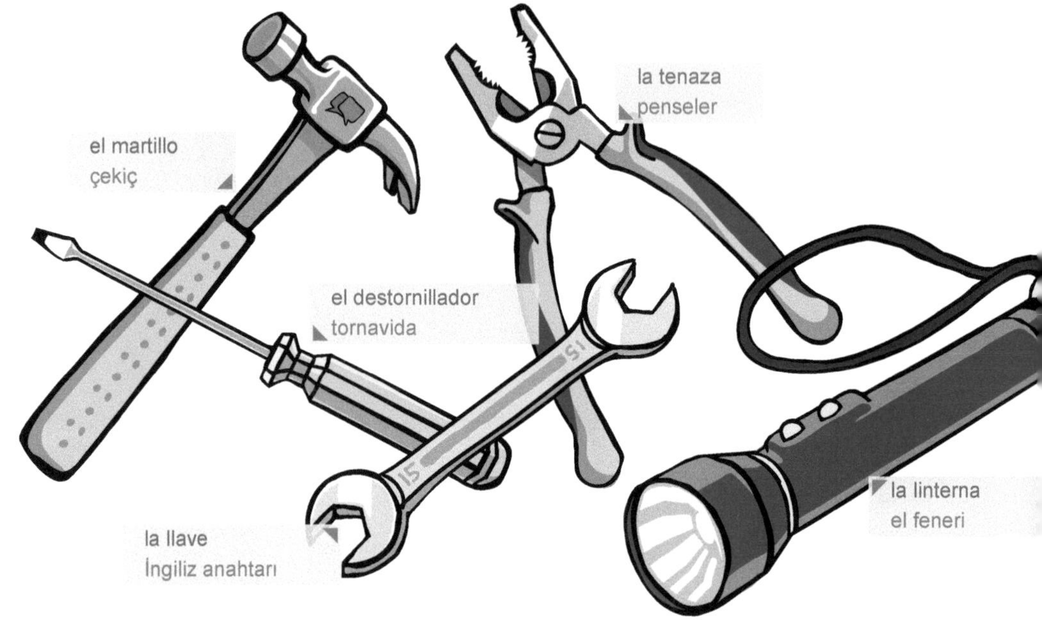

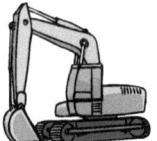

la excavadora

kazı makinesi

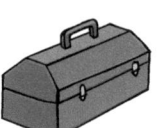

la caja de herramientas

alet çantası

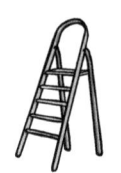

la escalera portátil

merdiven

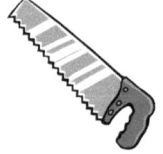

la sierra

testere

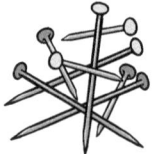

los clavos

çiviler

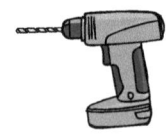

el taladro

matkap

arreglar

tamir etmek

la pala de jardín

kürek

¡Qué bronca!

Kahretsin!

la pala de plástico

faraş

el tacho de pintura

boya tenekesi

los tornillos

vidalar

los instrumentos musicales
müzik enstrümanı

el parlante
hoparlör

la batería
bateri seti

la guitarra
gitar

el contrabajo
kontrbas

la trompeta
trompet

el piano

piyano

el violín

keman

el bajo

basgitar

los timbales

timpani

el tambor

bateri

el teclado

klavye

el saxofón

saksafon

la flauta

flüt

el micrófono

mikrofon

el zoológico
hayvanat bahçesi

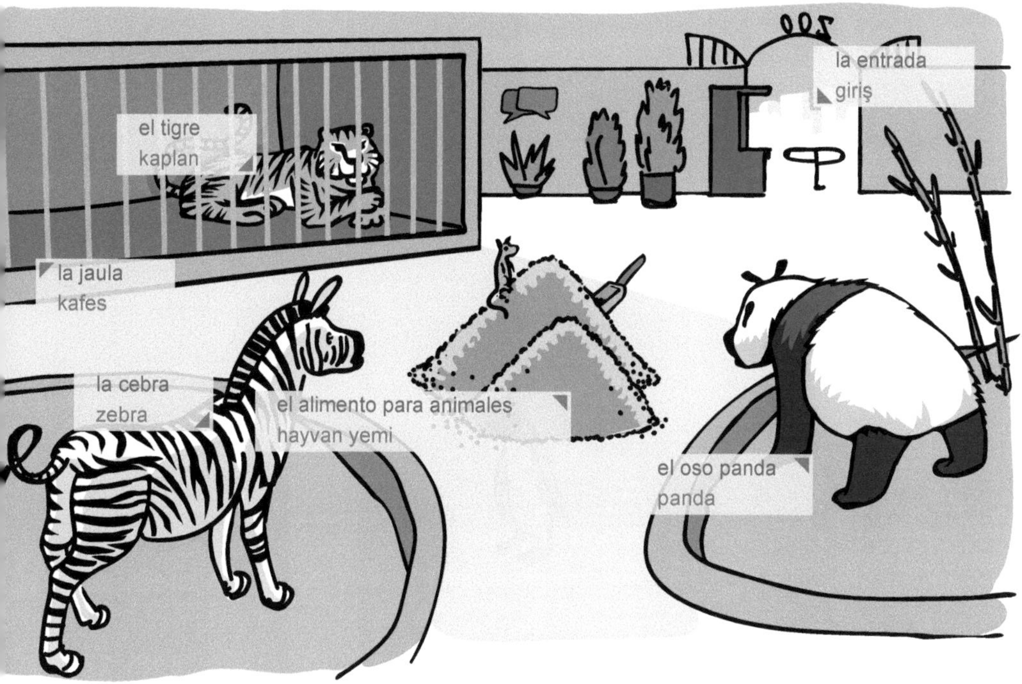

la entrada
giriş
el tigre
kaplan
la jaula
kafes
la cebra
zebra
el alimento para animales
hayvan yemi
el oso panda
panda

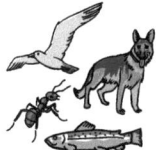

los animales

hayvanlar

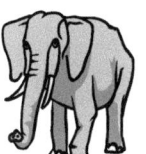

el elefante

fil

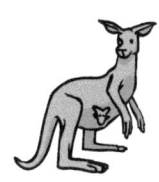

el canguro

kanguru

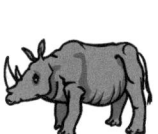

el rinoceronte

gergedan

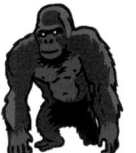

el gorila

goril

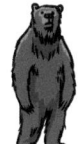

el oso

ayı

el camello

deve

el avestruz

deve kuşu

el león

aslan

el mono

maymun

el flamenco

flamingo

el loro

papağan

el oso polar

kutup ayısı

el pingüino

penguen

el tiburón

köpek balığı

el pavo real

tavus kuşu

la serpiente

yılan

el cocodrilo

timsah

el cuidador del zoológico

hayvanat bahçesi görevlisi

la foca

fok

el jaguar

jaguar

el poni

midilli atı

el leopardo

leopar

el hipopótamo

su aygırı

la jirafa

zürafa

el águila

kartal

el jabalí

yaban domuzu

el pescado

balık

la tortuga

kaplumbağa

la morsa

mors

el zorro

tilki

la gacela

ceylan

el fútbol americano
amerikan futbolu

el ciclismo
bisiklete binme

el tenis
tenis

el básquet
basketbol

la natación
yüzme

el hockey sobre hielo
buz hokeyi

el boxeo
boks

el fútbol

futbol

el bádminton

badminton

el atletismo

atletizm

el handball

hentbol

el esquí

kayak

el polo

polo

las actividades
etkinlikler

saltar
atlamak
abrazar
sarılmak
reír
gülmek
caminar
yürümek
cantar
söylemek
soñar
hayal etmek
rezar
dua etmek
besar
öpmek

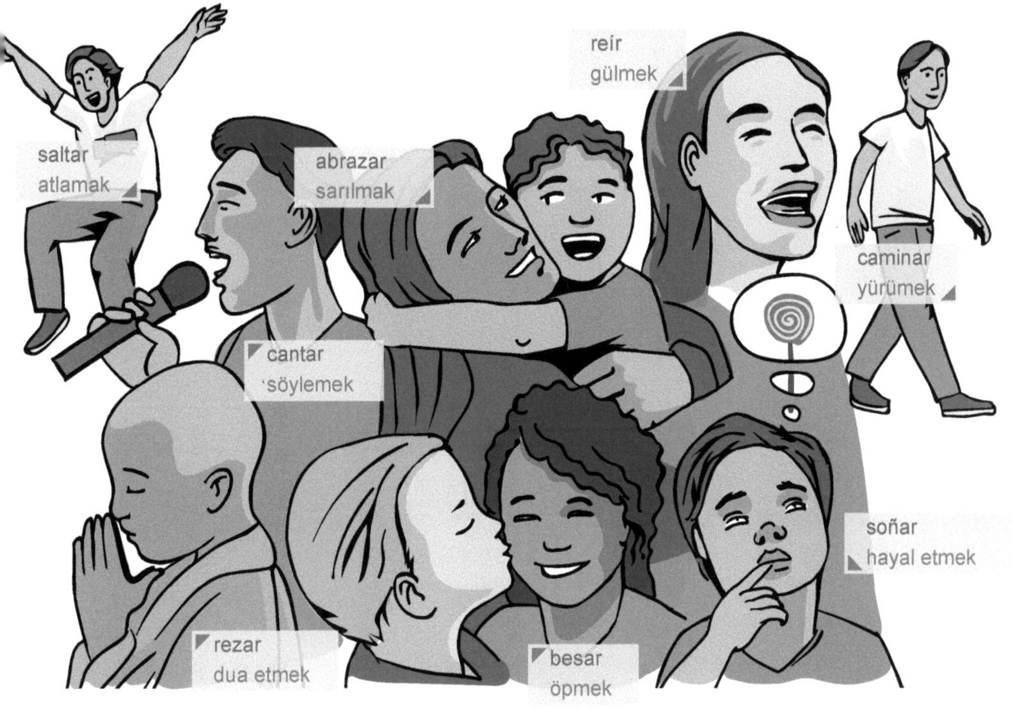

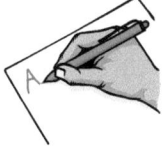

escribir
yazmak

dibujar
çizmek

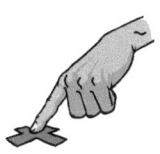

mostrar
göstermek

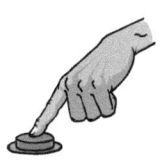

presionar
itmek

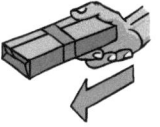

dar
vermek

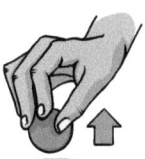

tomar
almak

tener

sahip olmak

hacer

yapmak

ser

olmak

estar parado

ayakta durmak

correr

koşmak

tirar

çekmek

tirar

atmak

caer

düşmek

estar acostado

yalan söylemek

esperar

beklemek

llevar

taşımak

estar sentado

oturmak

vestirse

giyinmek

dormir

uyumak

despertar

uyanmak

mirar

bakmak

llorar

ağlamak

acariciar

vurmak

peinar

taramak

hablar

konuşmak

entender

anlamak

preguntar

sormak

escuchar

dinlemek

beber

içmek

comer

yemek

ordenar

düzenlemek

amar

sevmek

cocinar

pişirmek

manejar

sürmek

volar

uçmak

navegar

denize açılmak

calcular

hesapla

leer

okumak

aprender

öğrenmek

trabajar

çalışmak

casarse

evlenmek

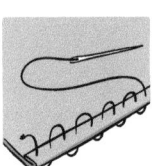

coser

dikmek

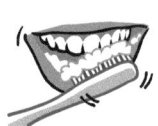

cepillarse los dientes

diş fırçalamak

matar

öldürmek

fumar

sigara içmek

enviar

yollamak

la familia
aile

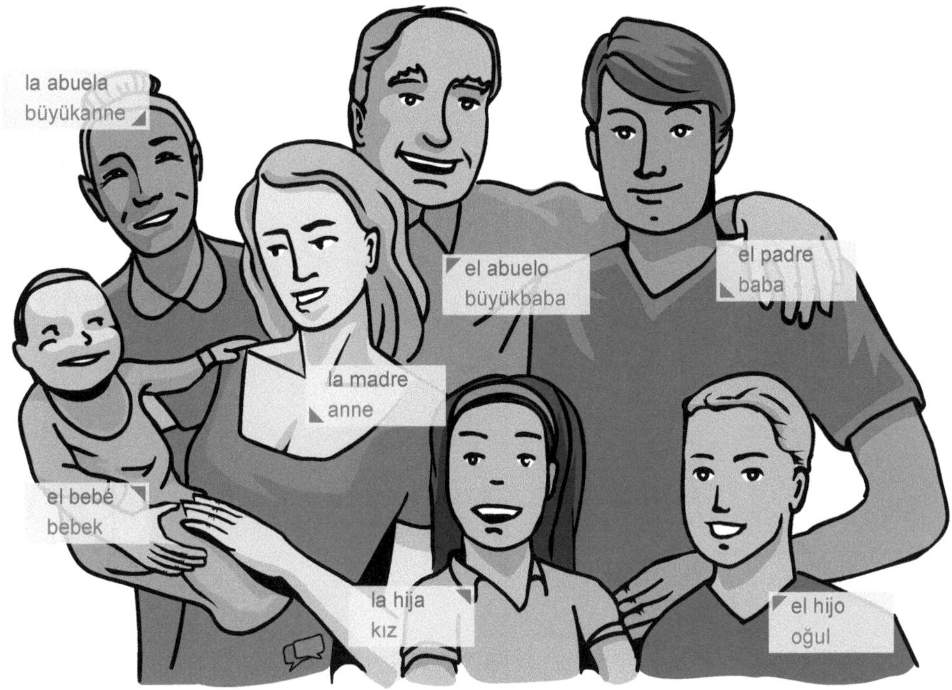
la abuela
büyükanne
el abuelo
büyükbaba
el padre
baba
la madre
anne
el bebé
bebek
la hija
kız
el hijo
oğul

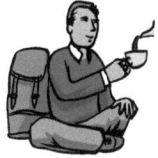

el invitado

misafir

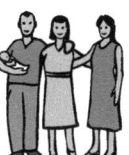

la tía

teyze

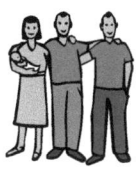

el tío

amca

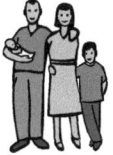

el hermano

erkek kardeş

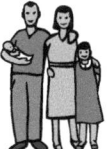

la hermana

kız kardeş

el cuerpo
vücut

la frente
alın
el ojo
göz
el hombro
omuz
el dedo
parmak
la cara
yüz
la pera
çene
la mano
el
la pierna
bacak
el pecho
göğüs
el brazo
kol

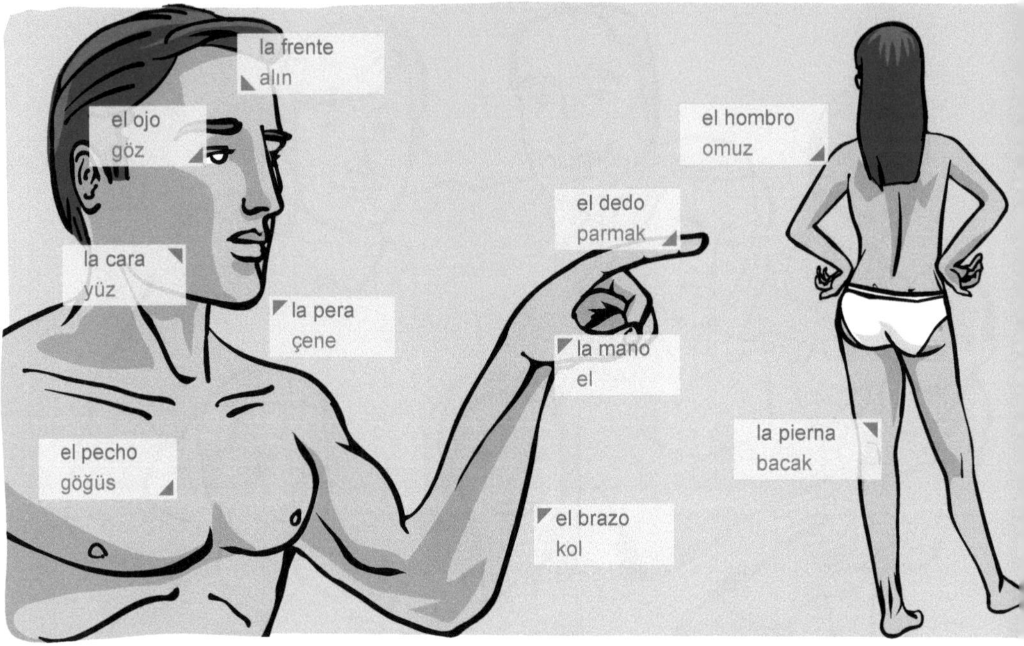

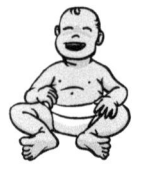

el bebé
bebek

el hombre
adam

la mujer
kadın

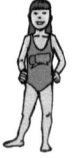

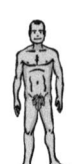

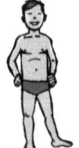

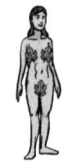

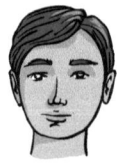

la nena
kız

el nene
erkek çocuk

la cabeza
baş

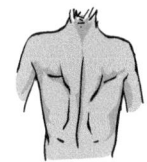

la espalda
....
sırt

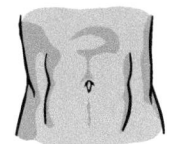

la panza
....
karın

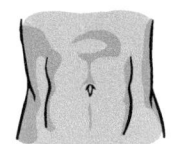

el ombligo
....
göbek

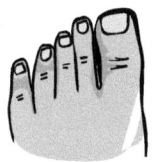

el dedo del pie
....
ayak parmağı

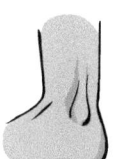

el talón
....
topuk

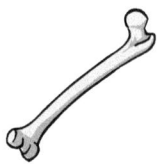

el hueso
....
kemik

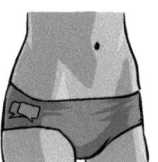

la cadera
....
kalça

la rodilla
....
diz

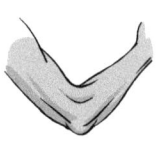

el codo
....
dirsek

la nariz
....
burun

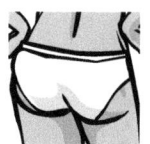

la cola
....
kalça

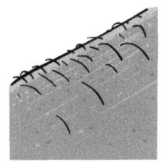

la piel
....
deri

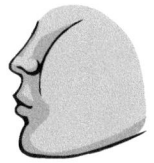

el cachete
....
yanak

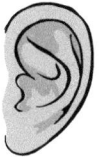

la oreja
....
kulak

el labio
....
dudak

la boca

ağız

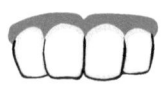

el diente

diş

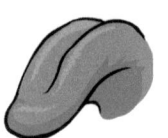

la lengua

dil

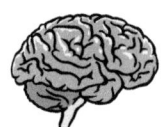

el cerebro

beyin

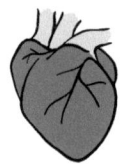

el corazón

kalp

el músculo

kas

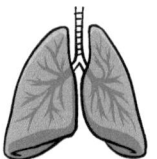

el pulmón

akciğer

el hígado

karaciğer

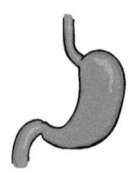

el estómago

mide

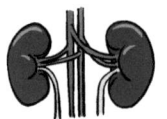

los riñones

böbrekler

el sexo

seks

el preservativo

prezervatif

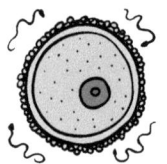

el óvulo

yumurtalık

el semen

sperm

el embarazo

hamilelik

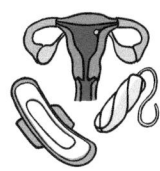

la menstruación

regl

la vagina

vajina

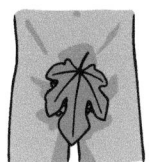

el pene

penis

la ceja

kaş

el pelo

saç

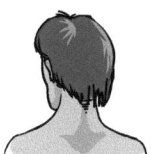

el cuello

boyun

el hospital
hastane

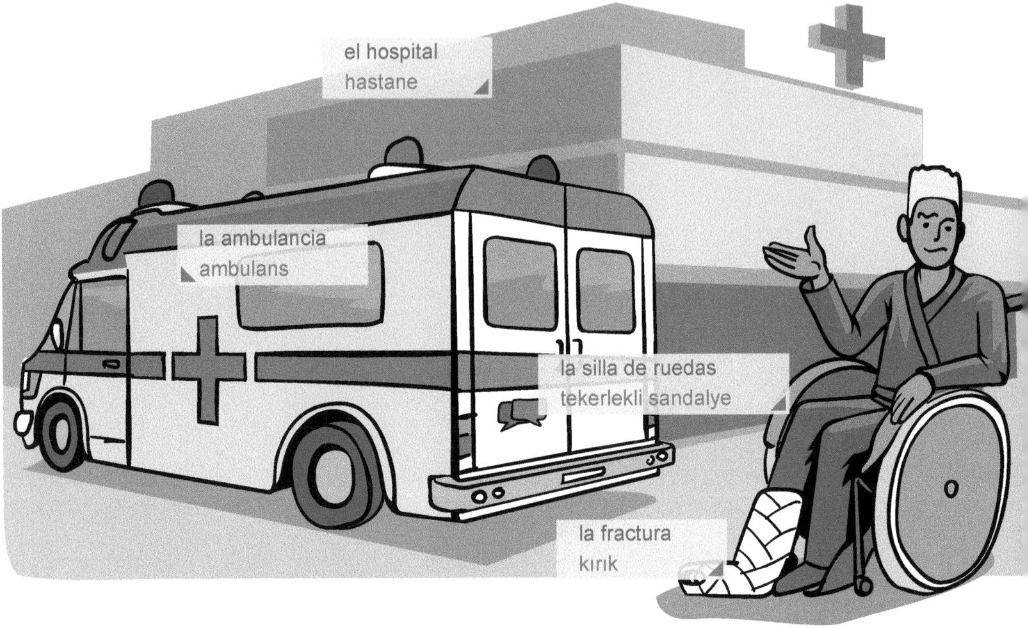

el hospital
hastane
la ambulancia
ambulans
la silla de ruedas
tekerlekli sandalye
la fractura
kırık

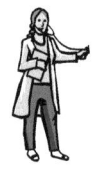

el médico

doktor

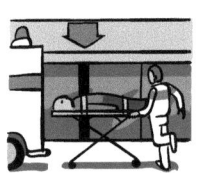

la sala de guardia

acil servis

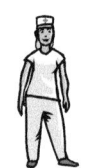

la enfermera

hemşire

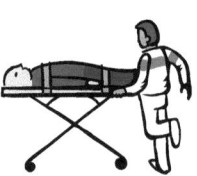

la emergencia

acil

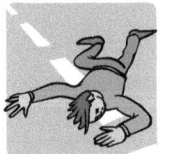

inconsciente

baygın

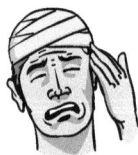

el dolor

acı

la lesión

yaralanma

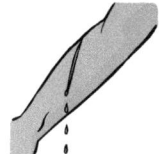

la hemorragia

kanama

el infarto

kalp krizi

el ACV

felç

la alergia

alerji

la tos

öksürük

la fiebre

ateş

la gripe

grip

la diarrea

ishal

el dolor de cabeza

baş ağrısı

el cáncer

kanser

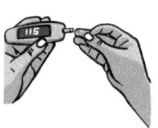

la diabetes

şeker hastalığı

el cirujano

cerrah

el bisturí

neşter

la operación

operasyon

la TC

bilgisayarlı tomografi

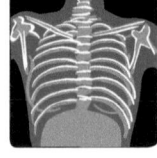

los rayos x

röntgen

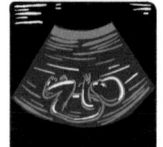

la ecografía

ultrason

el barbijo

yüz maskesi

la enfermedad

hastalık

la sala de espera

bekleme odası

la muleta

koltuk değneği

la curita

yara bandı

la venda

bandaj

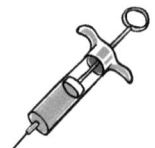

la inyección

enjeksiyon

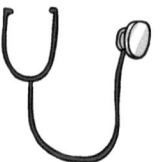

el estetoscopio

steteskop

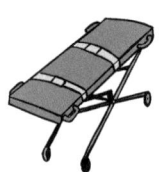

la camilla

sedye

el termómetro

tıbbi termometre

el nacimiento

doğum

el sobrepeso

fazla kilo

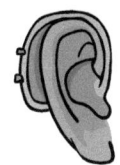

el audífono

işitme cihazı

el desinfectante

dezenfektan

la infección

enfeksiyon

el virus

virüs

el VIH / SIDA

HIV / AIDS

el remedio

ilaç

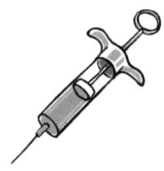

la vacunación

aşı

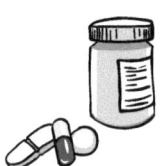

los comprimidos

tablet

la pastilla anticonceptiva

hap

a llamada de emergencia

acil çağrı

el tensiómetro

tansiyon aleti

enfermo / sano

hasta / sağlıklı

¡Ayuda!
İmdat!

la alarma
alarm

la agresión
darp

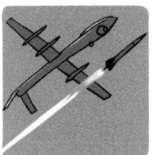

el ataque
saldırı

el peligro
tehlike

la salida de emergencia
acil çıkış

¡Fuego!
Yangın!

el matafuego
yangın tüpü

el accidente
kaza

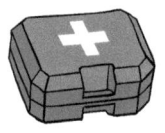

el botiquín de primeros
auxilios
ilk yardım çantası

el SOS
imdat

la policía
polis

Europa

Avrupa

América del Norte

Kuzey Amerika

América del Sur

Güney amerika

África

Afrika

Asia

Asya

Australia

Avustralya

el Atlántico

Atlantik

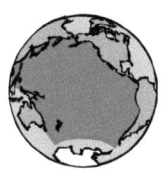

el Pacífico

Pasifik

el Océano Índico

Hint Okyanusu

el Océano Antártico

Antarktika Okyanusu

el Océano Ártico

Arktik Okyanusu

el polo norte

Kuzey Kutbu

el polo sur

Güney Kutbu

la Antártida

Antarktika

la Tierra

dünya

la tierra

kara

el mar

deniz

la isla

ada

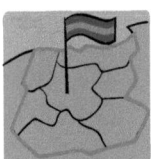

la nación

ulus

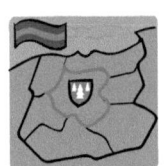

el estado

ülke

la esfera

kadran

la manecilla de las horas

akrep

el minutero

yelkovan

el segundero

saniye ibresi

¿Qué hora es?

Saat kaç?

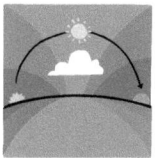

el día

gün

la hora

zaman

ahora

şimdi

el reloj digital

dijital saat

el minuto

dakika

la hora

saat

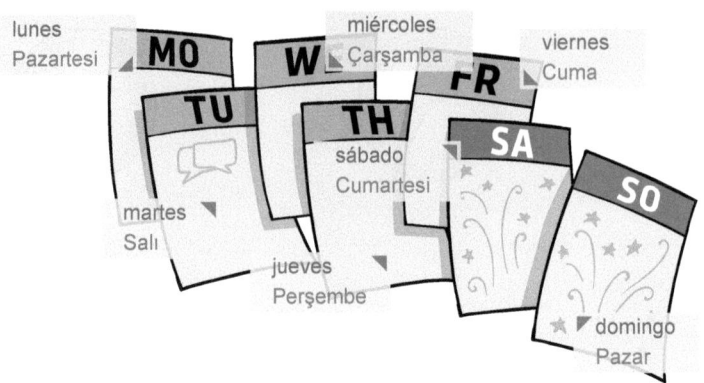

lunes
Pazartesi

miércoles
Çarşamba

viernes
Cuma

martes
Salı

sábado
Cumartesi

jueves
Perşembe

domingo
Pazar

ayer
dün

hoy
bugün

mañana
yarın

la mañana
sabah

el mediodía
öğle

la tarde
akşam

MO	TU	WE	TH	FR	SA	SU
1	2	3	4	5	6	7
8	9	10	11	12	13	14
15	16	17	18	19	20	21
22	23	24	25	26	27	28
29	30	31	1	2	3	4

los días hábiles
iş günleri

MO	TU	WE	TH	FR	SA	SU
1	2	3	4	5	6	7
8	9	10	11	12	13	14
15	16	17	18	19	20	21
22	23	24	25	26	27	28
29	30	31	1	2	3	4

el fin de semana
hafta sonu

el año

yıl

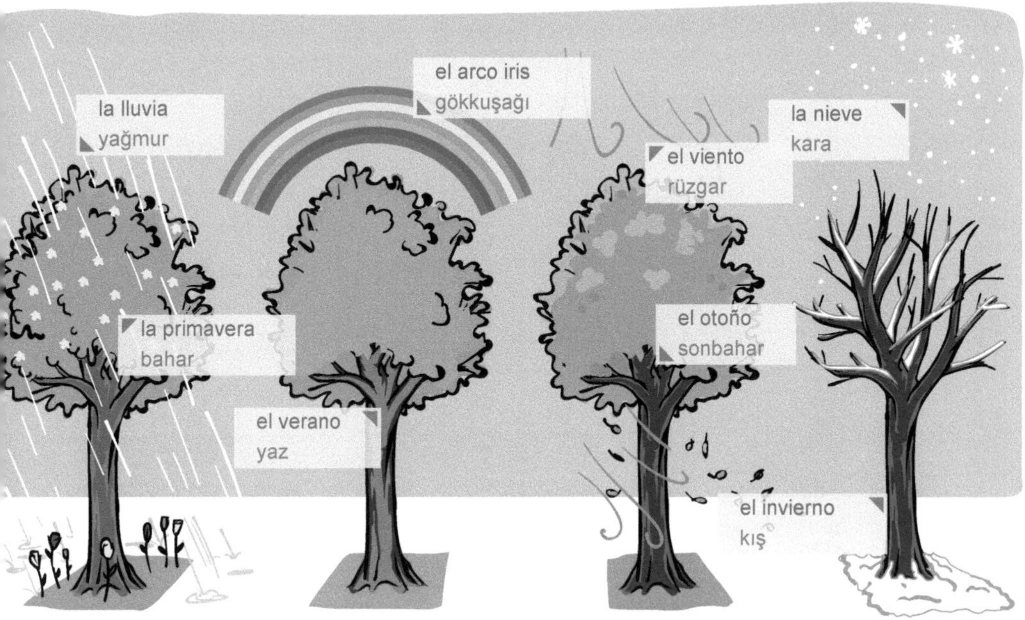

la lluvia
yağmur
el arco iris
gökkuşağı
la nieve
kara
el viento
rüzgar
la primavera
bahar
el otoño
sonbahar
el verano
yaz
el invierno
kış

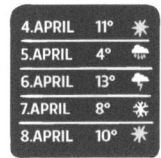

4.APRIL 11°
5.APRIL 4°
6.APRIL 13°
7.APRIL 8°
8.APRIL 10°

l pronóstico meteorológico

hava durumu tahmini

F C
120 90 60 30 0 -30
40 30 20 10 0 -10 -20

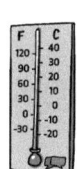

el termómetro

termometre

la luz del sol

güneş ışığı

la nube

bulut

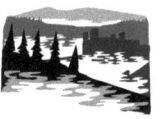

la niebla

sis

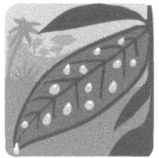

la humedad

nem

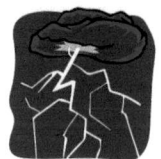

el rayo

şimşek

el trueno

gök gürültüsü

la tormenta

fırtına

el granizo

dolu

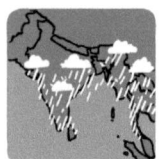

el monzón

muson

la inundación

sel

el hielo

buz

enero

Ocak

febrero

Şubat

marzo

Mart

abril

Nisan

mayo

Mayıs

junio

Haziran

julio

Temmuz

agosto

Ağustos

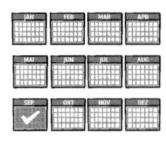

septiembre
....
Eylül

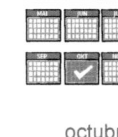

octubre
....
Ekim

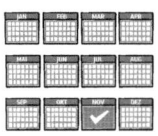

noviembre
....
Kasım

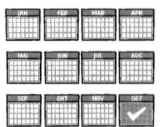

diciembre
....
Aralık

las formas
şekiller

el círculo
....
daire

el cuadrado
....
kare

el rectángulo
....
dikdörtgen

el triángulo
....
üçgen

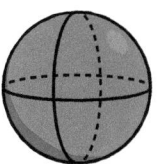

la esfera
....
küre

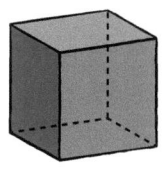

el cubo
....
küp

colores

renkler

blanco

beyaz

amarillo

sarı

naranja

turuncu

rosa

pembe

rojo

kırmızı

violeta

mor

azul

mavi

verde

yeşil

marrón

kahverengi

gris

gri

negro

siyah

mucho / poco

çok / az

enojado / tranquilo

kızgın / sakin

lindo / feo

güzel / çirkin

el principio / el fin

başlangıç / son

grande / chico

büyük / küçük

claro / oscuro

parlak / karanlık

el hermano / la hermana

erkek kardeş / kız kardeş

limpio / sucio

temiz / kirli

completo / incompleto

tamam / eksik

el día / la noche

gün / gece

muerto / vivo

ölü / canlı

ancho / angosto

geniş / dar

comestible / no comestible

yenilebilir / yenilemez

malo / amable

kötü / iyi

entusiasmado / aburrido

heyecanlı / sıkılmış

gordo / flaco

şişman / zayıf

primero / último

ilk / son

el amigo / el enemigo

dost / düşman

lleno / vacío

dolu / boş

duro / blando

sert / yumuşak

pesado / liviano

ağır / hafif

el hambre / la sed

açlık / susuzluk

enfermo / sano

hasta / sağlıklı

ilegal / legal

yasa dışı / yasal

inteligente / estúpido

zeki / aptal

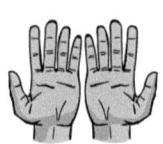

izquierda / derecha

sol / sağ

cerca / lejos

yakın / uzak

nuevo / usado
yeni / kullanılmış

nada / algo
hiçbir şey / bir şey

viejo / joven
yaşlı / genç

encendido / apagado
açma / kapama

abierto / cerrado
açık / kapalı

silencioso / ruidoso
sessiz / gürültülü

rico / pobre
zengin / fakir

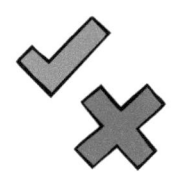

correcto / incorrecto
doğru / yanlış

áspero / suave
pürüzlü / düz

triste / contento
üzgün / mutlu

corto / largo
kısa / uzun

lento / rápido
yavaş / hızlı

mojado / seco
ıslak / kuru

caliente / frío
sıcak / serin

guerra / paz
savaş / barış

los números

0

cero

sıfır

1

uno

bir

2

dos

iki

3

tres

üç

4

cuatro

dört

5

cinco

beş

6

seis

altı

7

siete

yedi

8

ocho

sekiz

9

nueve

dokuz

10

diez

on

11

once

on bir

12

doce

on iki

13

trece

on üç

14

catorce

on dört

15

quince

on beş

16

dieciséis

on altı

17

diecisiete

on yedi

18

dieciocho

on sekiz

19

diecinueve

on dokuz

20

veinte

yirmi

100

cien

yüz

1.000

mil

bin

1.000.000

el millón

milyon

el inglés

İngilizce

el inglés americano

Amerikan İngilizcesi

el chino mandarín

Çince (Mandarin)

el hindi

Hintçe

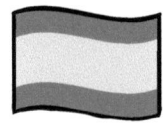

el español

İspanyolca

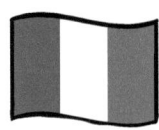

el francés

Fransızca

el árabe

Arapça

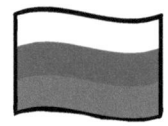

el ruso

Rusça

el portugués

Portekizce

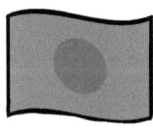

el bengalí

Bengalce

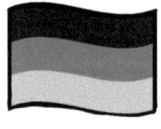

el alemán

Almanca

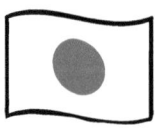

el japonés

Japonca

yo

ben

vos

sen

él / ella

o

nosotros

biz

ustedes

siz

ellos

onlar

¿quién?

kim?

¿qué?

ne?

¿cómo?

nasıl?

¿dónde?

nerede?

¿cuándo?

ne zaman?

el nombre

isim

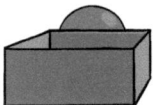

detrás

arkasında

en

içinde

adelante de

önünde

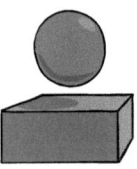

por encima de

üzerinde

sobre

üstünde

debajo de

altında

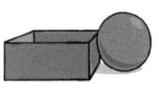

al lado de

yanında

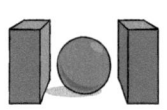

entre

arasında

el lugar

yer